Dagmar del Carlo

Lebe dein Leben

DANKE!
WAR EIN SCHÖNES KENNENLERNEN
Dagmar
JÄNNER 2008

FE ☯ MALE
Verlag
Mösl 10
9560 Feldkirchen
ISBN 3-9501486-3-9
Druck: Dockner, 3125 Kuffern 87

Ein Dankeschön

Ein herzliches Dankeschön an meine geistige Führung, dass ich den Inhalt meines Buches empfangen durfte und endlich Kraft bekam, diese Botschaften an viele wachsende Menschen weiterzugeben.

Ebenfalls Danke sagen möchte ich Christian, meinem Reiki-Lehrer, der mich immer bestärkt hat den Weg zum Licht zu gehen. Er war mir auch in Zeiten der Orientierungslosigkeit immer ein Wegweiser.

Auch danke für die Hilfe meiner Schwester Margit, die mich bei den Vorbereitungsarbeiten meines Buches am PC unterstützt hat.

Der Wegweiser

Ein Wegweiser, schau!
Der Tag ist grau.
Man sieht kaum etwas,
und wenn, dann nur das,
was unbeschreiblich ist!
Kaum sieht man ein Licht –
zieht der Nebel ein. Er ist so dicht,
dass man sieht nur den Schein.
Den Schein des Lebens –
was verstehst du darunter?
Man lebt und lebt
und alles geht unter.
Der Kampf durchs Leben
ist ein einziges Beben.
Mal bergan, mal bergab –
wie Berg und Tal;
oft sieht man hinab
bis zum letzten Mal!
Drum soll man tun, was lebenswert ist.
Es werden geraubt viele schöne Stunden
und andere Gedanken heilen die Wunden!

Lebe „Dein" Leben

Dein Leben ist einzigartig.
Du bist einmalig.
Gehe in dich – deine innere Stimme!
Hör! Hör doch!
Was sagt sie dir?
Ja und schon tun meine Maske, meine
Fassade wieder Taten, die andere wollen.
Nein, nicht andere verlangen und wollen.
Die Wahr – heit, ich tu's, weil ich glaube,
so wird alles, ja – mein Leben genau so,
wie ich es mir erträume...!!!???

Wo ist deine innere Stimme?
Die wahre Ausführung deiner Träume!
Der Irrweg ist Verlockung, er zeigt den
falschen Wegweiser vor.
Halt!!

Halte inne!!!

Hier ist die Kreuzung!!

Deine Intuition
Deine Emotion
Deine Träume
Dein Leben

Deine Freude
Dein Glück

„Ich“
Ich bin der ich bin.

Wie oft im Leben läuft‘s so:
Horch rein!
Schreib‘s auf!
Denk nach!
...“zu oft!“
Hier gibt die Ampel das gelbe Licht.
„Vorsicht“
„Schau vor“, sagt sie.
Lass dich nicht von deinem Weg abbringen,
sind die Verführungen noch so schmackhaft.
Denke wie bitter das Auslöffeln der Suppe
sein kann.

Kleine Gedankenpause

Hier steht der Wegweiser!
Atme ruhig und tief ein, kräftige hiermit
deinen wahren Willen und mit dem
Ausatmen gebe alle Unklarheit, das Trübe –
welches deinen wahren Willen beschattet,
aus dir heraus. Transformiere *das Negative*!
Und nehme dieses als *Stärkung* deines

Willens wieder in dich. Die Verführungen auf dem Alleingang zum Glücklich- und Zufriedensein sind vielfältig. Nur du alleine entscheidest, ob du eine annimmst. Jede dieser ist ein Umweg, welcher dich verleitet, auch den richtigen Weg zu übersehen.

Innehalten!!!

Unbewusst kommt mancher vom Weg ab.
Die eigene innere Stimme wird übertönt von Klängen, Melodien, die vieles versprechen.
„WUNDER - BAR"?
Jedoch horche!
Dies ist die Musik eines anderen Ich,
es lenkt unbewusst. Lerne dies hören – erkenne den Unterschied! Niemand verführt dich. Anders ist sehr oft *wunder–bar*.
Nur, ist es Deines? Versüßt du dir DEIN LEBEN, oder versuchst du in ein anderes einzugreifen? – Bist geblendet, und glaubst dadurch auch bei dir läuft alles rund.
Noch immer, geschmückt von Duft und Traum von Glückserfüllung, schreitest du die falsche Abzweigung entlang, schenkst Liebe, Hingabe

– ein Weg im EIN – Klang,

wahrhaftig! Deine innere Stimme kämpft, wird immer weniger zu hören von den dir lauschenden Klängen. Du schwebst, Gefühle tragen dich und treiben dich dahin.

TRAUM – HAFT!

Der Rosenbogen!
Das Ziel!

Alles ist anders!
Das war nicht ausgemacht!
Träum ich?!
Das darf nicht wahr sein!
Das kann man nicht machen mit mir!
Ich hätte geglaubt!
...usw.
Keiner hat das Recht jemand ob etwas zur Ver-ant-wortung zu ziehen, weil du nicht am Weg geblieben bist. Wenn der Weg okay war – vorher – den ganzen Lauf entlang, so trage DU Verantwortung.

Schuldzuweisungen = Wegschieben deiner Verantwortung.

Keine Menschen, Dinge und Taten sind je für dein Lebensglück verantwortlich.

Du allein hast die Möglichkeit, Glück, Zuversicht, Frieden, Freude und noch viel mehr schöne Dinge in dein Leben fließen zu lassen.

LEBE *DEIN* LEBEN!

Und versuche nicht, das der anderen zu ändern!

Yin-Yang

Freund oder Feind

Suchst du Freunde?
Das ist schwer!
Keiner traut dem andern mehr.

Schenkt man Vertrauen einem „Freund“,
hat man es dann auch ehrlich gemeint?

Freunde, ob weiß, ob schwarz,
ob von dort, ob von da;
wenn man sie hat,
dann schätzt man das! Ja?!

Wer ist in Mehrzahl?
Freund oder Feind?
Hat wer die Macht,
dass keiner mehr weint?

Dass alle Menschen Freunde sind,
dass die Welt sich vereint,
das wird nie Wirklichkeit,
weil jeder verneint!

Intuitiv entscheiden!!!

Sich erden
Seine innere Mitte finden
Sein Spiegelbild sehen lernen

Das Durchsetzen und Ausführen der Dinge, die man von „innen" gegeben bekommt, *das ist ein Thema.*
Die Türen nicht nur öffnen, durchgehen (durchführen) und hinter sich wieder verschließen. Halte nicht an, geh' Schritt für Schritt!! Wenn du mit beiden Beinen fest am Boden stehst – mit „Mutter-Erde" verbunden bist, dann fließt Energie, und deine Vorhaben gelingen. Nur *wörtliche* Aussagen, welche du nicht umsetzt, sind Schiffe ohne Anker. Träume diese Wünsche mehr aus, so kannst du sie kräftigen und umsetzen. Egal, in welcher Situation, mit welchen Menschen du bist, bei allen Entscheidungen sind deine Handlungen ausschlaggebend. Dein Gegenüber kann für dich nur ein fairer Partner (Gegner) sein, wenn vor dem Handeln die Kommunikation geführt wird.

Reden ist auch Gedankenaustausch.

Die nächste Folge ist das Handeln.
Jeder einzelne Punkt ist von Wichtigkeit, sonst kann die Energie nicht fließen. Intuitive Entscheidungen haben sehr viel Kraft, sie werden in deinem „Göttlichen Inneren" geboren.

Deshalb lasse sie zu!
Unterdrücke dies auf keinem Falle, denn wenn dein Inneres nicht in seiner „Mitte" ist, wie sollst du als Person die richtige Entscheidung treffen. Dieser Fluss ist von deinem Ganzen abhängig.

Dazu hier einige Beispiele wie zuvor erwähnt:

- In deiner Mitte zu schwingen
- Dich annehmen
- Dich zu lieben
- Ganz du sein

Hier möchte ich dir ein paar Tipps und Übungen vorstellen, wie es leichter fällt einen Schritt an den anderen zu reihen:

- Schwinge in deiner „Inneren Mitte".
- Such' dir ein ruhiges Plätzchen.

Anderswelt

- Zünde eine weiße Kerze an (weiß reinigt den Raum von negativen Energien). Entspannende Musik macht dich ruhig dabei.
- Nimm einen Sessel, auf dem deine Beine zirka im rechten Winkel verweilen, setze dich.
- Deine Hände lege mit dem Handrücken auf die Oberschenkel, deine Wirbelsäule locker, das Kinn etwas zum Hals hingezogen und an deinem Scheitelpunkt fühlst du dich etwas hochgezogen. So sitzt du einfach mal mittig ausgerichtet.
- Atme tief ein.
- Beim Ausatmen lasse all deine Gedanken von dir fließen.
- Wiederhole das einige Male und versuche dabei mit deiner Aufmerksamkeit zu deinen Hüften zu gehen.
- Spüre die Oberschenkel und Pobacken und versuche langsam mit ihnen in einer liegenden 8 zu schwingen.
- Entspannt atmest du immer noch alle überflüssigen Gedanken weg. Sei ganz du! Langsam malst du immer

wieder eine liegende 8 unter dein Gesäß. Du spürst nach einiger Zeit, wie sich auch deine Schultern, dein ganzer Körper in dieser 8 rhythmisch bewegt.

- Fühl tief in dich hinein, der *Kreuzungspunkt* der 8, egal, ob bei deinen Hüften, in deiner Brust oder in deinen Schultern, du spürst es, er ist deine MITTE.
- Deine Fußsohlen stehen fest am Boden, so bist du mit „Mutter Erde" verbunden. Durch die Ausrichtung deines Scheitelpunktes ist dein Kronenchakra bereit die Energie deines Schöpfers fließen zu lassen.
- Dein Atem ist ruhig und du fühlst deine Fußsohlen. Sie werden warm, du lässt Wurzeln aus ihnen wachsen in Richtung Erdmittelpunkt. Starke, dicke Wurzeln, so wie die Äste einer Baumkrone, sie verzweigen sich, werden dünner, wachsen immer weiter der Erdmitte zu. Immer feiner, verzweigter gelangen sie schön langsam zu dem flüssigen Erdrot, welches sich in der Mitte unserer Mutter Erde befindet. Dieses warme

Rot, den Lebenssaft der Erde, nimmst du nun in deine Wurzeln auf und lässt ihn in Richtung deiner Fußsohlen hin wandern, durch die feinverzweigten Wurzeln hin zu den astförmigen, weiter und weiter, bis er bei dir, an deinen Sohlen angelangt ist. Es prickelt warm und angenehm, steigt hoch in deine Füße. Deine Zehen kribbeln. Langsam wandert das warme Erdrot über deine Knöchel zu deinen Waden, weiter zu deinen Knien. Deine Beine erwärmen sich und du fühlst dich entspannt und sehr, sehr wohl. Es steigt weiter an zu deinen Hüften, hier angelangt beginnt das warme Rot in der liegenden 8 zu pulsieren. Du schwingst mit, zusammen in voller Verbundenheit. Die Wärme, die Ruhe, alles ist einem vertraut, doch so lange her. Ein wunderbares Gefühl! Über den Solarplexus wandert es weiter zum Herzchakra. Bei deinen Schultern schwingt es noch mal in der 8 und pulsiert anschließend zu deinen Ellbögen, weiter in deine Hände und Finger. Es wärmt und kribbelt, fließt langsam wieder über die Arme zurück zu den Schultern. Nun steigt es entlang des Kehlkopfchakras zum 3. Auge. Eine wohlige Wärme verteilt sich in deinem Kopf. Anschließend wandert das warme, flüssige Erdrot wieder dieselbe Richtung entlang zu deinen Fußsohlen, fließt zurück in die Wurzeln in Richtung Erdmittelpunkt.

- Du verspürst ein Gefühl von Sehnsucht und Geborgenheit zugleich, ja die Verbundenheit zu deiner „Mutter Erde".

Diese Erdungsmeditation zeigt dir den Weg, deine „innere Mitte" zu finden. Sollte dich ein Unwohlbefinden einholen, oder ein Gefühl von „Nicht mit sich zurechtzukommen", es ist eine Empfehlung – erde dich – und schwinge in deiner Mitte.

„Dich annehmen!"
„Dich zu lieben!"
„Ganz du sein!"

Egal in welcher Lebenssituation du gerade deine Schwächen entdeckst, ob du mit deinem Beruf haderst, deine

Beziehungskiste vor Durcheinander strotzt oder deine Kinder gerade ihre Pubertätsphase voll ausleben. All das sind Lebensumstände, die jeder von uns ohne größere Probleme bewältigen kann, wenn nicht schon die Selbstzweifel regieren.
In allen, auch nicht von mir erwähnten unrundlaufenden Situationen, ist eines am Wichtigsten:

„Zu sich selbst stehen!"
Dies enthält alle 3 obenangeführten Empfehlungen.
In deinem Leben werden dir oft Spiegelbilder aus verschiedenen Handlungen vorgezeigt, z.B. ein Vorgesetzter, Arbeitskollege oder Angestellter hat Verhaltensweisen, mit welchen du geraume Zeit schon kämpfst. Keine Ratschläge, kein Distanzieren, einfach alles Versuchte schlägt fehl. Schau dir eine solche Sache mal ganz genau an. Nimm das alles unter die Lupe und suche bei deinem Gegenüber Verhaltensweisen, welche dich an dich erinnern. Das ist nicht immer leicht, denn sich selbst Fehler zugestehen, da braucht man Kraft. Hier kannst du die Ehrlichkeit zu dir selbst trainieren. Es ist ein beinhartes

Herbstzeit

Training, doch denke an den Sport – nur wer konsequent ist kommt ans Ziel.
Das Schauspiel hat in unserer heutigen Gesellschaft schon Überhand genommen. Die meisten von uns sind so wie das Gegenüber es haben will, und nicht der Mensch, der im Innersten von jedem von uns schlummert. Nicht jeder steht dieses Spiel ewig durch, denn der Kraftaufwand ist enorm hoch und die Unehrlichkeit zu sich selbst kostet Kraft. Es ist traurig, dass sich wirklich so viele Menschen verleugnen, sich vieles nicht zugestehen, sich selber nicht annehmen, sondern der anderen wegen sich maskenhafte Eigenheiten aufbürden, dadurch aber das Eigenpotenzial an Ausstrahlung – Charisma – unterdrücken und sich selbst wieder und wieder eine Hinderung in ihrem Leben sind. Menschen, die sich selbst lieben, welche zu sich stehen, sich so annehmen wie sie sind, deren Ausstrahlung hat so viel Positives, dass das Gegenüber einen ganz anderen Eindruck von diesem Menschen hat. Die Überzeugungskraft, wenn du *du* bist, strahlt ganz anders, als wenn du nur bis zu einer gewissen Tiefe verankert bist, und wenn der Sturm zu stark wird, fällst du.

Auch in Partnerschaften wird dir so manches Mal deine eigene Schwäche vorgeführt, genau mit diesem Verhalten kannst du dann gar nicht klarkommen. Trau dich hinsehen! Nicht immer funktioniert das beim 1. Blick. Wenn solch eine Situation eintritt, denkst du daran, so versuch es, noch mal und noch mal. Du wirst sehen, wie dein Unterbewusstsein dir immer wieder Anstöße gibt. Auch wenn du zu Beginn glaubst, es geht nicht, wirst du sehen, dass du bei folgenden Ereignissen automatisch darauf achtest und auf einmal wirst du wachgerüttelt, es ist da. Du siehst aus der Verhaltensweise deines Gegenübers plötzlich deine Schwächen, du gestehst sie dir ein. Du bist verwundert über dich, ja, und wenn du mal hinschauen und annehmen kannst, dann bist du am Weg, das Negative zu transformieren.
Sei ganz du.
Nur so kann Energie fließen und das ist sehr nahrhaft für Beziehungen. Das Geben und Nehmen soll in der Waage sein. Oft wird die eigene Unausgeglichenheit, das eigene Nichtannehmenkönnen, dem Partner zugespielt.
Ich mag mich nicht, doch schon sind es

1000 Dinge, die mir beim anderen nicht passen. Darum finde ich es fair, zu sich selbst öfter zu sagen, ok. ich suche in mir meine Mitte, bin ganz ich und pflanze nicht den Samen zu Widersprüchen.

Eine Übung sich selbst anzunehmen:

- Die weiße Kerze, welche die negativen Energien transformiert, zünde an.
- Stelle dich vor einen Spiegel, wo du dich bis zu deiner Körpermitte siehst. Weder Kleidung noch Schmuck solltest du tragen. Schau dich bewusst an und anschließend blicke zirka 2 Minuten in deine Augen, denn hiermit schaust du in deine Seele. Täglich 14 Tage hindurch schenke dir diese Zeit und du wirst sehen, wie du dich annehmen lernst.
- Zur Beendigung dieser Übung sprich die Worte: So sei es!

Nach und nach werden sich die Störfaktoren lösen. Das Eingestehen der eigenen Schwächen wird dich nach und nach bestärken. Deine Aura strahlt wieder und dein Du wird Stärke beweisen.

Seelenblume

Gedanken und Worte = Lachen und Weinen

Vergleiche zu machen –
das ist schwer.
Zwischen Du und Ich –
da ist noch viel mehr!

Deine Gefühle in Worten –
die tun oft weh! –
Die Zweifel an der Wahrheit
sind eben so zäh!

Gedanken und Worte – oder –
Lachen und Weinen –
da gleichen sich Orte ...
und man findet keinen!

Man sucht nach Geborgenheit –
Liebe und Halt,
doch im Herzen bleibt‘s des Öfteren kalt.

Gedankenkraft

Nicht deine Taten, es beginnt wahrhaftig bei deinen Gedanken, welche dein Leben beeinflussen. Die immer dich bewegenden Gedanken gestalten deinen Alltag.

Beobachte: Wenn du morgens aufstehst, die Sonne scheint und du fühlst dich gut gelaunt, denke an wunderbare Momente, welche du mit dem herrlichen Wetter in Verbindung bringst, da ist schon morgens alles in Ordnung, alles fließt.
Deine positiven Gedanken stärken dich, formen deine Laune. Alles läuft glatt, den anderen Menschen gegenüber versprühst du Power. Du strahlst positive Energien aus. – Wunderbar! – Wie ein Bumerang kommt all das zu dir zurück.

Das läuft nicht immer so, denn wie sieht‘s dann bei Regen aus. Damit will ich sagen, es ist der Lauf der Zeit und diese bringt ab und zu auch mal schlechte Laune. Nun hast du die Wahl deiner Gedanken, die dich bei der Gestaltung des weiteren Verlaufs des Tages mehr oder weniger unterstützen.

Die eine Version: Ich aale mich in Selbstmitleid. Sehe schwarz! Hasse mich und den Tag. Kann aus meiner Misslaune heraus nicht mal einen positiven Gedanken fassen. – Das ist der Beginn: meine Gedanken haben enorme Kraft. Ich sende sie automatisch aus, und sie beeinflussen meine weitere Tagesgestaltung, meine Terminplanungen, die Menschen, welche die nächste Zeit mit mir verbringen usw. Der weitere Ablauf ist somit vorprogrammiert. Du strahlst Negatives aus und erntest dieses auch schon wieder.

Eine andere Version: Ich öffne meine Augen und höre den Regen prasseln. Zum Entspannen bleibt keine Minute, der erste Blick: das offene Dachflächenfenster. Ich springe aus dem Bett und steh‘ auch schon im Nassen. – Was soll‘s ! – Herrlich der Duft vom Regen. Schnell schließe ich das Fenster, hol ein Handtuch, welches ich gezielt auf den nassen Teppich fallen lasse und ein Blick auf den Wecker sagt mir: „Ab ins Bett!“ Genussvoll lass‘ ich mich von den leisen Trommeln der Regentropfen noch ein wenig zum Träumen verleiten. Beim Aufstehen verläuft alles entspannt.

Ein kurzes Frühstück, Morgentoilette usw. Gummistiefel anstatt Pumps, diese landen in einer Papiertüte und werden mitgenommen – für's Büro – wegen des Outfits!!! Dann noch etwas Süßes vom Bäcker für die Kolleginnen als Sonnenersatz.

Da fließt positive Gedankenkraft. Bei diesem Potenzial fällt auch die Ernte dementsprechend aus. Wenn man mit dieser Energie den Tag beginnt, hat man schon ein ganzes Feld guter Gedanken gesät und hat gutes Recht sich über den Ertrag zu freuen. Schon des Öfteren hat so mancher von uns Ähnliches erlebt und mit Sicherheit nicht immer den rechten Gedanken ausgesandt.

Lenke deine Gedanken gezielt in positive Schwingungen:

- Beginne den Morgen, indem du dich bei deinem Schöpfer bedankst, dass du erneut den Sonnenaufgang erblicken darfst.
- Strecke dich, wecke deinen Körper liebevoll auf, höre auf deinen Atem, gehe in dich und schenke dir am Tagesbeginn gleich etwas Zeit.

- ➢ Sammle langsam deine Gedanken, stimme dich auf den Tag ein. Du wirst wahrnehmen wie neutral der Tag ohne deine Emotionen ist, und je bewusster du täglich deinen Morgen gestaltest, umso leichter wird dir das Lenken deiner Gedanken fallen.

Sollte Einfluss von außen deine Laune in negative Schwingung bringen, so versuche gezielt für dich positive Gedankenmuster in dein Bewusstsein zu bringen. Es funktioniert, jedoch ist auch dabei wieder Training angesagt. In allen Lebenslagen, wo dich die niederen Schwingungen einholen, versuche dich mit deiner eigenen Gedankenkraft hochzuholen. Deine Ausdauer lohnt sich, und nach einiger Zeit des bewussten Lebens merkst du, wie sich dein positives Gedankenmuster in Taten manifestiert. Dann wird einem erst die enorme Kraft bewusst, die jeder für sich selbst lenken kann.

„Da – Sein“

Im Hier und Jetzt zu leben! – Weißt du, was das heißt?

- Den Moment zu genießen!
- Gerade jetzt zu lachen, einfach so!
- Nun eine Pause einzulegen, weil mein Körper mich spüren lässt, dass ich müde bin!
- Mit dem Auto halt machen, da der Sonnenaufgang heute ein – malig ist!
- Weinen hier und jetzt, da mir alles zu viel ist!
- Entscheidungen treffen, weil ich mich dazu berufen fühle!
- Da sein, dein Leben bewusst leben, im Hier und Jetzt, das ist weder die Vergangenheit noch die Zukunft.

Sammle dich und versuche jeden Moment deines Daseins aktiv auszuleben. Dir werden Dinge zu Augen kommen, an denen du Tag für Tag vorbei gegangen bist und sie übersehen hast. Dein Menschsein bekommt hohe Qualität.
Lenke bewusst dein Dasein ins Hier und Jetzt, es wird nach Tagen zur Gewohnheit.

Menschen jagen materiellen Dingen nach, welche sicher vielen von uns unerreichbar fern sind. Unbegreifbar ist, dass Menschen nicht nach all dem greifen, was allen von uns in Fülle zur Verfügung steht. Täglich schon morgens kann sich jeder von uns damit wecken lassen. Das Vogelgezwitscher ist einiges zugleich: der Wecker, Entspannungsmusik, ein Geschenk Gottes!
Jeder von uns kann auf Entdeckungsreise gehen, und wir alle werden fündig. Eine solche Fülle an Angebot, welches für jeden von uns immer greifbar ist, wenn wir es sehen wollen und nicht gerade in der Vergangenheit grübeln.

Sich an die Vergangenheit zu erinnern, von bestimmten Ereignissen aus vergangenen Tagen zu plaudern, das gehört dem Verlauf unseres Lebens an. Mal zu Weihnachten oder zu Geburtstagen in Fotoalben blättern und einen gemütlichen Familiennachmittag erleben ist etwas sehr Schönes. – Nur, in der Vergangenheit hängen bleiben oder regelrecht in die Vergangenheit zurückjagen, das raubt einem die Lebensenergie. Nur immer davon zu sprechen wie schön es früher einmal war und wäre das alles nur noch so. Dies ist kein Rückblick, sondern ein „Nicht loslassen können". Solche Aktionen blockieren beim Weitergehen im Leben. Kein Wunder, dass hier die Erfolge ausbleiben. Die Vergangenheit ist gelebte Zeit, wo du begangene Fehler oder Handlungen nicht mehr ändern kannst. Wenn du ganz im Hier und Jetzt bist, ist es möglich, die Folgen davon ins Positive zu wandeln und dadurch eine Änderung der derzeitigen Situation zu erzielen.

Viele Menschen hängen nicht nur an ihrer früher gelebten Zeit, sondern auch im Wesentlichen an ihrer Jugend, an ihrem längst vergangenen Aussehen. Weinen ihrer Jugend nach, anstatt den Moment zu genießen. Ein langes Leben ist der Wunsch vieler Menschen, auch die Gesundheit sollte, wenn möglich, bis ins hohe Alter bleiben. Und die Jugend, das ist allen bewusst, sie vergeht zusehends, deshalb dieses Anklammern an allen Idealen der Jugend. Besser wäre allerdings sich zu akzeptieren, denn diese Ausstrahlung, welche hier zu Tage kommt, lässt jede Falte verschwinden. Die Stärke deines Charismas ist so enorm, dein „Ganzes" kommt zum Fließen, da entdeckt keiner mehr einen „Fehler“ an dir. Du bist Du, und du bist somit ganz im Hier und Jetzt.

„Los – lassen“

Am Beginn unseres Lebens werden wir vorerst mit dem „Los lassen“ bekannt gemacht. Das Durchtrennen der Nabelschnur ist nicht nur das Öffnen der Tür in unser Erdenleben, auch ein Kennenlernen einer geistigen Handlung, welcher wir noch sehr oft begegnen werden. In diesem wunderbaren Augenblick läuft dieses auch perfekt ab, es gleicht einem Reflex. Kein Grund ist einem bekannt, keine Situation vorhanden, welche einen abhält vom gleichgenannten Abnabeln. Es wird vollzogen und das junge Leben nimmt seinen Lauf. Zwanglos, ruhig, entspannt fließt Energie. Mama und Baby tauschen ihre Liebe aus. Die Muttermilch kommt einige Zeit nach der Geburt, auch die Nahrungsversorgung stellt sich ein. Eine Harmonie, die sich natürlich fortsetzt und ein ganzes Leben hält, weil hier das Loslassen so etwas Natürliches war.

Unzählige Male tritt dieses wieder in unser Leben. Im Kindesalter klappt es noch einwandfrei, Kinder leben noch intensiver. Sie leben in der Gegenwart und kosten so alles Wunderbare, Momentane voll aus. Ohne mit Gedanken an die Zukunft eventuelle Ängste und Blockaden herbeizuholen. Das gerade Erlebte aus dem Hier und Jetzt hat solche Kraft, so ein Potenzial an positiver Energie, dass es die Seele kräftigt zum Weiterentwickeln. Wahrscheinlich sind es verschiedene nicht aufgearbeitete Ereignisse und Schicksalsschläge, welche einen beim Loslassen beginnen zu blockieren. Ängste und Zurückirren in die Vergangenheit halten diesen Fluss auf.

Ein ganz natürliches Beispiel, welches viele Menschen vielleicht schon am eigenen Leibe erlebt, jedoch einen ganz anderen Ursprung für den Grund geglaubt haben. Es hängt mit unserem täglichen Leben zusammen. – Unsere Verdauung: Verstopfung. Die Wurzel sitzt zumeist in der Psyche, es ist ein „Nicht loslassen können". Wenn auch Sie eine betroffene Person davon sind, so versuchen Sie einmal in sich zu gehen. Spielen Sie einige Situationen aus Ihrem Leben gedanklich und bewusst durch. Sie werden erstaunt sein, wie viele Ereignisse Sie mit einem „Nicht loslassen" in Verbindung bringen.

Es sind nicht nur materielle Dinge, oft verursachen schon Gedanken Blockaden. Das heißt, ein nicht gleichmäßiges Fließen der Lebensenergie. Oft schiebt man Gedanken beiseite, anstatt sie loszulassen. Hinsehen, anschauen lernen, auch wenn es Überwindung kostet. Regelmäßiges Training und Durchführung gibt ein neues Lebensgefühl. Nicht nur das Signal des physischen Körpers verschwindet, auch das Erleben deines Lebens ändert sich. Alles läuft runder.

Ein weiteres Beispiel, welches in der heutigen Zeit oft Thema bei vielen Menschen ist: die Partnerschaft. Immer wieder klagen Betroffene nach Trennungen, dass gar keiner oder nicht der passende Partner in Aussicht ist. In solcher Situation befindet sich gleich zweimal das „Nicht loslassen können". Erstens denkt ein Großteil der Menschen, eine Trennung auf dem Papier oder mit Worten reicht. Nein, das ist nicht so. Das Wichtige bei Auflösungen von Partnerschaften ist das emotionale Loslösen. Oft braucht man dabei professionelle Hilfe, in der heutigen Zeit gibt es eine Vielzahl von Therapeuten, welche einem unterstützend beim Auflösen dieser Verstrickungen beistehen. Nach dem ehrlichen ganz „Los lassen“ verändert sich die Ausstrahlung, das Charisma, man steht allem Neuen anders gegenüber. – Das Zweitgenannte ist der Wunsch nach einer neuen Partnerschaft. Inniges Wünschen, auch die geistigen Führer um ihre Hilfe bitten, all das ist in Ordnung. Doch danach lasse los davon. Verstricke dieses Thema nicht in deine Gedanken. Es muss fließen können.

Einige Beispiele zähle ich dir noch auf, doch du wirst sehen, wenn man sich mit diesem Thema auseinandersetzt, wie viel du bei dir selber findest und mit Freude lösen wirst.

- bei Streitigkeiten
- bei Existenzproblemen
- bei Krankheiten
- bei der Erziehung usw.

Nachklang

Es ist schwer, einen Menschen zu gewinnen,
dem man sein Herz anvertrauen kann.
So wird man sich einmal besinnen –
wie das alles begann!

Das Selbstmitleid ist ein großer Feind im Leben,
sodass wir nur noch fordern, nicht mehr geben!
Es ergreift Besitz ganz leise!
Doch keiner sucht dafür Beweise.

Meine Welt
und
deine Welt,
so wie man das nennt,
kann doch heute niemand sagen,
dass man sie beide kennt!

Der Egoismus, der Neid,
der Hass und das Leid,
die ganze Welt ist verwirrt,
weil jeder umherirrt!

Der Stress wird mehr und mehr,
die Straßen werden gar nicht mehr leer.
Die Hektik, sie nagt,
weil jeder verzagt!